VENTE
CONSIDÉRABLE

D'UNE belle Collection de Dessins & Estampes des plus grands Maîtres, venant en partie de l'Etranger. Il s'y trouve plusieurs belles Miniatures, & une suite intéressante de près de cent feuilles de différens Oiseaux rares & autres, dessinés & colorés au naturel par plusieurs habiles Artistes de la Hollande.

Elle commencera le Vendredi 24 Avril 1778 & continuera les jours suivans de relevée, rue Saint Honoré, à l'Hôtel d'Aligre.

On y verra les objets la veille de ladite Vente, & les matins de chaque Vacation de deux jours en deux jours.

Le Catalogue se distribue

A PARIS,

Chez le sieur BASAN, rue & hôtel Serpente,
Et Me HAVOT DE LONGPRÉ, Huissier-Priseur, rue de Gêvres.

M. DCC. LXXVIII.

AVERTISSEMENT.

On a suivi l'ordre alphabétique des Auteurs dans la partie de presque tous les dessins. Les numéros où il se trouve * sont encadrés.

On trouvera dans cette Collection différents dessins capitaux, faits par plusieurs jeunes Artistes dont les noms deviendront célebres, & dont Messieurs les Amateurs auront lieu d'être satisfaits.

Le sieur Basan distribue maintenant les estampes de la galerie de Dusseldorff, composant quarante feuilles, avec un volume d'explication petit in-folio, pour le prix de 144 l.

Et aussi un volume grand in-4°. composant l'Œuvre du Chevalier Hedlinger, ou Recueil des Médailles de ce célebre Artiste, dédié au Roi de Suede, en quarante planches, pour 72 l.

VENTE

D'UNE BELLE COLLECTION DE DESSINS ET ESTAMPES DES PLUS GRANDS MAITRES.

DESSINS.

Nº. 1 ANDRÉ SACCHI. Un Christ mort, au bistre, rehaussé de blanc. 7 po. sur 6 de haut.

2 ASSELYN. Deux ruines du Temple de la Paix, avec figures à l'encre de la Chine, de même grandeur que les estampes qu'en a gravé Perelle.

3 Deux ruines d'Architecture, à l'encre de la Chine. 8 sur 6 de h.

4 Trois ruines d'Italie, à l'encre de la Chine & au bistre, dont un vestige d'ancien portique, avec fig.

5 BACKUYSEN. Une Marine, à l'encre de la Chine: Deſſin le plus capital qui ſoit connu de ce célebre Artiſte en ce genre. On y voit cinq grands vaiſſeaux, & ſur le devant deux barques remplies de Matelots occupés à ramer, &c. 16 ſur 11 de haut.

6 BARDIN. Deux ſujets d'un grand effet, tirés du Poëme du Taſſe, mort de Clorinde & pendant au biſtre, rehauſſés de blanc, touchés avec eſprit. 16 ſur 12 de l.

7 * Deux Guerriers combattant contre un lion; ſujet au biſtre rehauſſé de blanc, très-ſpirituellement exécuté. 16 ſur 12 de l.

8 BAROCHE. Une feuille de pluſieurs études de la figure de ſon Saint François, du cabinet Mariette.

9 BEAUFORT. Une ſainte Famille, d'un bel effet, au biſtre rehauſſé de blanc, & pour pendant Joſeph & Putiphar.

10 Les trois Grâces ſur un nuage, tenant une couronne & une guirlande de fleurs, d'une compoſition très-agréable.

11 BEGA. Trois belles études de femmes, à la ſanguine & pierre noire.

12 * Deux études de femmes aſſiſes, à la ſanguine. 8 ſur 6 de large.

13 * Deux autres de payſans debout, idem. 10 ſur 6 de lar.

14 Quatre belles études de ſemmes debout & aſſiſes, à la pierre noire rehauſſée de blanc. 10 ſur 6.

15 BENARD. Deux payſages pittoreſques mêlés de ruines, & ornés de figures, à la pierre noire ſur papier blanc.

16 * BERGHEM. Deux charmants deſſins au biſtre, payſan paſſant l'eau, & femme qui trait une vache, du Cabinet Neyman, numéros 51 & 52. 7 ſur 5 de h.

17 * Une chaumiere près de laquelle eſt un bœuf & une charette, à l'encre de la Chine. 7 pou. & demi ſur 6 de h.

18 Deux ſujets en pendants à la pierre noire lavés d'encre de la Chine, dans l'un, on voit une payſane debout, filant à la quenouille, auprès d'un homme aſſis qui joue de la flûte; un bœuf & pluſieurs moutons occupent le devant; dans l'autre eſt une femme montée ſur un âne, qui braille; un payſan à cheval eſt près d'elle, tenant un papier dans ſes mains: ces deux morceaux ont été gravés par lui-même, de même grandeur. 9 ſur 7 de lar.

19 Une rüine, au bas de laquelle eſt un groupe de divers animaux gardé par un payſan qui tient un grand bâton, à l'encre de la Chine. 10 pouc ſur 8 de lar. d'une touche fine & légere. On en connoît l'eſtampe de même grandeur, par Viſſcher.

20 Un très-grand paysage, au bistre, orné de différens groupes de moutons, & au milieu, au pied de plusieurs grands arbres, sont deux paysans qui les gardent.

21 * BERNIN (le Cavalier). La Nativité, à l'encre de la Chine. 11 sur 8 de l.

22 BERKEYDEN. Un joli paysage coloré, avec riviere, & sur le devant une charette traînée par un cheval, &c. 10 sur 7 de haut.

23 * BIBIENE. L'intérieur d'une grande galerie du plus grand effet. 23 sur 14 de h.

24 * L'intérieur d'un Temple. 9 sur 7 de l.

25 * BLONDEL. Deux Ruines d'anciens Monumens, de forme ovale, ornées de figures au bistre. 13 sur 10 de h.

26* BOUCHARDON. Le sujet d'une Médaille, à la sanguine, fait pour la République de Genêve. On y a joint la médaille en cuivre qui en a été frappée.

27 Un homme à grand chapeau, vu de profil & baillant, à la sanguine, de même grandeur que l'estampe qu'en a gravée Petit.

28 Deux sujets pour être exécutés en marbre, représentant l'enlévement d'Europe & de Déjanire, à la sanguine.

29 Deux sujets de médailles & un vase, aussi à la sanguine.

30 Deux figures de l'Asie & l'Amérique, avec leurs attributs, à la sanguine.

31 Deux figures de M. D.... en caricature, & deux mains sçavamment dessinées à la sanguine.

32 L'étude d'une figure de la Fontaine de Grenelle, à la sanguine, & une chienne, idem.

33 Un Enfant à genoux, étude pour le même ouvrage.

34 * Deux têtes d'hommes riant & baillant, en contr'épreuves. 10 sur 8 de lar.

35 Quatre sujets divers à la sanguine, dont deux Tritons, &c.

36 * Boucher. L'Adoration des Rois, superbe composition pleine d'esprit, peinte en grisaille. 18 sur 15.

37 * La Nativité de Notre-Seigneur, à la plume & au bistre. 17 sur 11 de lar.

38 * Un joli paysage, avec puit & baraque ruinée, au bistre, très-spirituellement exécuté. On y a joint l'estampe de même grandeur.

39 * Les Grâces enchaînant de fleurs l'Amour, petit sujet agréable connu par l'estampe qu'en a gravé de même grandeur, Desmarteau. N°. 347 de son Œuvre.

40 * Une petite figure de Jardiniere portant un rateau sur l'épaule ; à la pierre noire. 7 sur 5 de lar.

41 * Une mere inſtruiſant ſa fille, ſujet à la pierre noire. 9 ſur 6 de lar.

42 Deux hommes aſſis par terre, à la pierre noire ; très-ſpirituellement touché.

43 Trois études diverſes de têtes de Chérubins, à la ſanguine & pierre noire ; on y a joint trois eſtampes.

44 Six contr'épreuves de petits ſujets paſtorals, d'une agréable compoſition, à la pierre noire ; ils ont été gravés.

45 * L'étude de la tête de Madame de Pompadour, à la pierre noire en ovale. 6 ſur 4 de l.

46 * Deux ſujets colorés, repréſentant un jeune payſan & une payſane. 12 ſur 8 de l. Ils viennent du cabinet de M. de Boiſſet.

47 * Une étude de deux femmes drappées dans une attitude de douleur, au biſtre, du même cabinet.

48 * Une étude de femme nue, vue par le dos, à la pierre noire, rehauſſée de blanc.

49 * Une tête de femme, au paſtel. 15 ſur 12 de l.

50 * Une femme aſſiſe tenant une couronne, à la pierre noire.

51 * Une autre femme tenant une roſe, idem.

52 L'intérieur d'une maiſon de payſan, & un payſage avec chaumieres & figures; tous deux à la pierre noire rehauſſée de blanc.

53 Deux sujets de Vénus & l'Amour, exécutés de même.

54 Deux études de femmes drapées, dont une reposant, idem.

55 Deux autres études idem, & de plus une belle composition à la pierre noire, représentant Aléxandre coupant le nœud gordien.

56 BOURDON. Un repos en Egypte, de forme ronde, d'une agréable composition, dans un fond de paysage, à la plume & au bistre. 9 pouces de diametre.

57 * L'Assemblée des Dieux, grande & superbe composition, au bistre rehaussé de blanc. 20 sur 13 de h.

58 BOTH. (Jean) Un troupeau de divers animaux conduits par un paysan, au bistre, touché avec esprit. 6 sur 4 de h.

59 * Plusieurs grands bateaux chargés de vin près d'un vieux pont de pierre, à l'encre de la Chine. 21 sur 14 de h.

60 BRAMER. Deux sujets de la Passion, portement & élévation de croix: de plus, un troisiéme sujet représentant des Mendians, à la plume, lavés d'encre de la Chine. 10 sur 6.

61 BREEMBERG. La vue d'une montagne sur laquelle on voit les vestiges de plusieurs vieux châteaux fortifiés, au bistre. 5 pouces & demi sur 5 de l.

62 Deux ruines, & montagne avec Ville ſur le ſommet, entourées de brouſſailles, à la plume & au biſtre. 7 ſur 5 de h.

63 Quatre autres idem, de 5 à 6 pouc. ſur 4 de h.

64* Burini. La naiſſance de la Vierge, à la plume & au biſtre, ſçavamment traité. 16 ſur 11 de lar.

65 Callot. Un payſage avec fabriques pittoreſques, orné de figures, au biſtre. 9 ſur 3 de h.

66 Carlo Lotti. L'intérieur d'un appartement éclairé par une lampe : on y voit 7 figures d'hommes aſſis par terre, & dans le fond un corps mort prêt à être mis dans le tombeau, au biſtre rehauſſé de blanc. 15 ſur 9 de h.

67* Carrache. (Louis) La ſainte Vierge montrant à lire à l'enfant Jeſus : derriere elle eſt Saint Joſeph tenant une bequille : les têtes de ce ſçavant deſſin ſont pleines d'expreſſion : il eſt à la plume & lavé de biſtre. 8 ſur 6 de larg.

68 Un payſage, avec riviere ſur laquelle on voit quatre hommes dans un bateau, dont un pince une guittare, 11 ſur 8 de h. à la plume & au biſtre, très-ſpirituellement touché.

69 Casanove. Un voyageur ſe repoſant au-

près de son cheval, à qui il fait manger du foin, il est au bistre.

70 * Deux grands sujets capitaux, au bistre, rehaussé de blanc sur papier brun, représentant une chasse, & un convoi militaire. 27 sur 14 de h.

71 CAZES. La Présentation au Temple, à la pierre noire estompée.

72 CHALLE. Deux paysages & ruines à la pierre noire rehaussée de blanc.

73 CHALON. Deux jolis paysages colorés, très-finis & ornés de montagnes & chutes d'eau. 6 sur 4 & demi de h.

74 CLAUDE LE LORRAIN. Un paysage montagneux, où se voit sur le devant saint Jérôme à genoux, exécuté à la plume & au bistre. 7 sur 5 de lar.

75 CLERISSEAU. Une ruine, de forme ovale, où l'on voit un tombeau, spirituellement exécuté à la plume & au bistre. 9 sur 6 de large.

76 COCHIN. Deux grands sujets en hauteur, à l'encre de la Chine, représentant des Mausolés, connus par les estampes qui en ont été gravées d'après.

77 Un sujet de forme in-octavo fait à la sanguine pour un Catalogue de Gersaint.

78 * Un sujet allégorique sur les Arts : il est

connu par l'eſtampe qu'en a gravé Deſmarteau, de même grandeur.

79 * COLIN DE VERMONT. L'enlévement d'Hélene, au biſtre rehauſſé de blanc. 9 ſur 6.

80 DE BEYER. Quatre très-jolies vues de Château, Egliſe & Maiſons de Plaiſance de la Hollande avec canaux & ponts, à la plume & lavés d'encre de la Chine très-terminées. 8 ſur 5 de h.

81 * DE BOISSIEU, (Amateur). L'étude d'un homme aſſis, à la pierre noire.

82 Une vue des environs de Paris, à la plume & lavée en couleur, de plus une ruine pittoreſque, auſſi lavé.

83 * DE BRAY. Agar répudiée, ſujet rempli d'expreſſion, dont le fond eſt pittoreſque, exécuté à la plume & lavé d'encre de la Chine. 11 ſur 8 de lar.

84 DE GHEYN. L'étude du tronc d'un vieux arbre, dont l'écorce eſt à moitié enlevée, exécutée avec une vérité ſinguliere, & colorée avec ſoin; au bas eſt une figure tenant un bâton. 13 ſur 9 de lar.

85 DE HAEN. La vue d'une Egliſe de Village en Hollande, deſſinée avec préciſion à l'encre de la Chine. 10 ſur 6.

86 Deux autres idem très-pittoreſquement

traitées & ornées de paysage, touchées avec esprit & légéreté. 8 sur 6.

87 De Heus. Deux paysage, & ruine, à la plume & au bistre.

88 Della Bella. Une jolie marine, avec la vue d'une ville, ornée de figures, à la plume & à l'encre de la Chine. 8 sur 3 & demi de h.

89 * Une bataille spirituellement touchée à la plume. 11 sur 5 de h.

90 Une feuille de griffonnemens, figures & paysage, à la plume.

91 * Delarue. L'Adoration des Bergers, sçavante composition à la plume & au bistre. 8 sur 6 de lar.

92 * L'Adoration des Rois, idem, spirituellement exécuté. 12 sur 9 de lar.

93 * L'Adoration des Bergers; belle composition dans le style du Barroche. 17 sur 12 de lar.

94 Un grand Sacrifice dans un temple, idem. 20 sur 14 de haut.

95 Silene yvre, conduit par des Satyres, à la plume & estompé à la sanguine. 23 sur 16 de h.

96 Autre Bacchanale de femmes & Satyres, aussi à la plume un peu lavée d'encre de la Chine, de même grandeur que le précédent.

98 * Une femme, devant un grand Livre, repréſentant l'Etude, ſavamment traitée au lavis. 11 ſur 8 de lar.

99 * Un Chimiſte aſſis dans ſon laboratoire, au biſtre. 7 ſur 4 de h.

100 * Une femme aſſiſe près d'un médaillon, ſujet d'un tombeau, à la plume & à l'encre de la Chine. 5 ſur 4 de h.

101 * Le Triomphe de la Terre, d'une compoſition ſavante, au biſtre & à la plume. 15 ſur 12 de haut.

102 * Un ſacrifice à Jupiter, d'une belle compoſition, au biſtre rehauſſé de blanc. 15 ſur 12 de h.

103 * Une Bacchanale d'enfans & le jeune Bacchus, au biſtre.

104 DE MACHY. La vue d'un Palais, avec baluſtrade d'un grand effet, à l'encre de la Chine. 6 pouc. ſur 4 de h.

105 * DESFRICHES. Deux payſages capitaux de cet Amateur, ornés de différens groupes de figures, à la pierre noire.

106 * La vue d'une Egliſe de campagne au bord d'une riviere & entourée d'arbres, idem.

107 * Deux petits payſages avec figures, idem.

108 DESHAYES. Un ſujet d'Hiſtoire, où l'on voit Neptune en fureur : compoſition ſçavante, peinte ſur papier au biſtre rehauſſé de blanc.

109 * Pſiché tourmentée par les démons, ſujet plein de feu & d'expreſſion, au biſtre, rehauſſé de blanc du plus grand effet. 16 ſur 14 de haut.

110 Un ſujet du Comte de Comminge, ſçavamment traité au biſtre ; c'eſt le dernier ouvrage que fit cet habile Artiſte regretté : il porte 20 pou. ſur 15 de h.

111 * La chûte de Phaéton, à la pierre noire.

112 Dewit. Un ſujet de plafond compoſé de différents groupes de femmes & enfants portant des fleurs, à la plume & au biſtre. 12 ſur 8 de h.

112 *bis.* Autre ſujet idem de forme octogone & coloré, repréſentant la Juſtice, &c. 8 ſur 6.

113 Deux petits ſujets d'enfants en rond, au biſtre rehauſſé de blanc, de 6 pou.

114 La tête de Saint Jean dans un baſſin, à l'encre de la Chine.

115 Un groupe de ſix petits enfants, à la plume & au biſtre rehauſſé de blanc. 4 ſur 3 de larg.

116 Trois études de têtes de vieillards, &c. & de plus l'Annonciation, à l'encre de la Chine rehauſſée de blanc.

117 * Diepenbeck. Un ſujet des Métamorphoſes, où l'on voit dans le fond le ſanglier de Calidon envoyé par Diane, fait à la pierre noire. 9 ſur 7 de l.

118 Dubourg. Un ſujet de plafond de forme ovale & coloré, repréſentant la Juſtice, &c. ſur un nuage. 7 ſur 5 de h.

119 Les ſœurs de Phaéton changées en peupliers auprès de ſon tombeau, ſujet agréable & coloré. 11 ſur 8 de h.

120 Minerve protégeant un jeune homme que l'Amour veut bleſſer, joli groupe ſur un nuage & coloré. 10 ſur 9 de h.

121 Dunker. Deux payſages pittoreſques, avec figures, au biſtre. 9 ſur 7 de h.

122 Durameau. Une ſoirée d'hyver, où l'on voit ſix figures aſſiſes autour d'une table, occupées à travailler, ce qui eſt aſſez rare dans notre ſiecle.

123 Dusart. Deux ſujets en hauteur & groteſques à l'encre de la Chine, dont un homme & une femme danſant, &c.

124 Ditch. Deux petits payſages ſur papier bleu aux crayons noir & blanc, dont un hyver. 7 ſur 5 de h.

125 * Eisen. Deux ſujets agréables de compoſition, femme à ſa toilette, & l'Amour & l'Amitié: ces deux deſſins ſont entourés d'ornemens & trophées analogues. 10 ſur 8 de h. à l'encre de la Chine.

126 * Un joli ſujet coloré, repréſentant Flore couronnée par les Zéphyrs. 5 ſur 3 de large.

127 Un jeune homme déguisé en Magicien, qui dit la bonne-aventure à une Bergere, à l'encre de la Chine.

128 Elsheimer. Six petits sujets divers, spirituellement touchés à la plume.

129 Everdingen. Un paysage où se voit le tronc d'un gros arbre avec beaucoup de racines, à l'encre de la Chine. 6 pouces en quarré.

130 * Fragonard. L'étude d'une Tête de jeune fille avec chapeau, au crayon noir rehaussé de blanc. 15 po. sur 10 de large.

131 * Un paysage capital, représentant une Vue de Tivoli, où l'on voit sur le devant des femmes lavant du linge, à la sanguine. 18 sur 13 de h.

132 * Autre Paysage aussi à la sanguine; Vue d'un canal bordé de grands arbres. 21 sur 15 de h.

133 * Un bœuf dans son étable, au bistre, de la touche la plus fine. 12 sur 8 de h.

134 * Un sujet de même grandeur, aussi au bistre, représentant l'intérieur d'un ancien temple occupé par des enfans & autres personnages, d'une touche hardie & spirituelle.

135 * Une tête de femme, aussi au bistre de 16 sur 12 de large.

136 * Une tête de Vieillard, vue de face,

avec grande barbe, largement traitée au bistre. 14 sur 11 de large.

137 * Autre tête d'homme avec calotte, aussi au bistre.

138 * Un paysage capital, au bistre, fait dans le plus grand style & de la meilleure maniere de cet habile Artiste. On y voit au milieu une cascade, & sur le devant plusieurs groupes de figures. 16 sur 13 de large.

139 * Une femme caressant un pigeon, au bistre. 9 sur 7 de large.

140 * L'Enlevement de Déjanire, dessiné à la gouache d'après un tableau capital de Rubens qui se voit dans le choix précieux qui compose le Cabinet de M. le Comte de Stroganooff. 15 sur 12 de lar.

141 Un sujet de différents groupes d'Enfans, connu par l'estampe qu'en a gravée M. de Saint Non, dans la même maniere qu'il est traité, au bistre. 15 po. sur 12 de h.

142 * Deux petits Paysages au bistre, de 7 sur 5 de h. grande allée d'arbres, &c.

143 La Vue d'un jardin de Rome avec aqueduc, idem. 17 sur 12 de h.

144 Autre paysage, aussi au bistre, avec chûte-d'eau, & des Laveuses sur le devant.

145 * Une scene de jeunes filles dans leurs lits, effarouchées par de l'eau dont on les arrose par une trappe, au bistre de 14 po. sur 9 de h.

145 *bis.* * L'Etude d'une femme debout, prête à entrer dans une porte, à la ſanguine, largement deſſinée. 9 po. ſur 6 de lar.

146 * Une tête de jeune fille, aux trois crayons. 8 ſur 7 de large.

146 *bis.* Un payſage à la ſanguine, très-pittoreſque & graſſement deſſiné. 14 ſur 11 de haut.

147 Deux ſujets de la Fontaine, le Roſſignol, & les Aveux indiſcrets, au biſtre. 8 ſur 6 de lar.

147 *bis.* GABIANI. Céphale & Procris, ſpirituellement traité au biſtre rehauſſé de blanc. 8 ſur 7 de h.

148 * GAMELLIN, (Peintre à Rome.) Un choc de Cavalerie aux armes blanches, ſujet rempli de feu, & d'une compoſition ſavante d'un grand effet, ſur papier bleu, à la pierre noire rehauſſée de blanc. 29 po. ſur 21 de h.

149 * GASPARO, VAN VITELLI. La vue de la place du Peuple à Rome, avec beaucoup de figures, & très-bien exécuté à la gouache. 17 ſur 10 de h.

149 *bis.* Une Vue hors des portes de Rome, au bord de la riviere, ornée de différents groupes de figures; exécuté comme le précédent, & de même grandeur.

150 GENOELS. Un Payſage montagneux & coloré avec vigueur. 7 ſur 7.

151 Gillot. Une ſcene de Comédie Italienne, Mezétin, &c. à la ſanguine.

152 Goltzius. Le Feſtin des Dieux, ſuperbe compoſition où l'on compte quarante figures, formant différents groupes plus intéreſſans les uns que les autres; deſſin capital & de la plus belle conſervation, à la plume & lavé d'encre de la Chine. 15 ſur 12 de h.

152 *bis.* * Gouay. Deux ſujets de femmes & enfans, repréſentant l'Allégorie & l'Epigramme. Ils ſont précieuſement terminés au biſtre. 7 ſur 5 de lar.

153 * Greuze. Une ſuite de vingt figures d'hommes & femmes, deſſinés d'après nature en Italie, avec les différens coſtumes du pays, à l'encre de la Chine.

154 * Une ſuperbe étude au paſtel d'une tête de jeune fille, qui ſe voit dans ſon tableau du Pere de famille. 15 ſur 12 de h.

155 * L'intérieur d'une chambre dans laquelle ſont deux femmes & pluſieurs enfans, connu par l'eſtampe. 13 ſur 11 de lar.

155 *bis.* Deux études de femme & enfant, à la ſanguine, connus dans ſon tableau de l'yvrogne.

156 Grient. Deux marines, avec pluſieurs grands vaiſſeaux & bateaux marchands, à l'encre de la Chine. 11 ſur 8 de h.

157 * GUERCHIN. J. C. arrêté par les Soldats ; compoſition de quatre figures : deſſin capital & du plus beau de ce Maitre, au biſtre. 12 ſur 8 de h.

158 * N. S. en priere dans le Jardin des Olives, auquel un Ange préſente les inſtrumens de la Paſſion, à la plume & au biſtre, ſçavamment exécuté. 11 ſur 8 de l.

159 * Saint François à genoux devant un crucifix ; au-deſſus de lui eſt un Ange jouant du violon, exécuté comme le précédent & de même grandeur.

160 * Un ſujet de ſept figures, où l'on voit un Moine diſtribuant l'aumône, à la plume & au biſtre. 9 ſur 7 de h.

161 * L'incrédulité de ſaint Thomas, idem. 9 ſur 6 de h.

162 * La Vierge, tenant l'Enfant Jeſus ſur ſes genoux, idem. 8 ſur 5 de h.

163 Vénus & l'Amour, à la plume. 8 ſur 7 de larg.

164 L'étude d'un homme, demi-corps, à la ſanguine, rehauſſé de blanc.

165 Deux Saints à genoux aux pieds du Pere éternel, à la plume & au biſtre, touché avec eſprit. 8 ſur 7 de lar.

166 Le buſte d'un guerrier, hardiment deſſiné & lavé au biſtre ; de plus deux petites études d'homme, idem.

167 Six études diverſes de têtes & figures, à la plume & au biſtre.

168 Quatre petits paysages avec figures, à la plume.

169 HACKERT. Trois jolis paysages, au bistre & à l'encre de la Chine, mêlés de ruines.

170 HALLÉ. Huit sujets de figures emblématiques faites pour des écrans, exécutés à la pierre noire.

171 HOUBRAKEN. Saint Etienne lapidé, d'une belle composition, au bistre. 9 sur 7 de lar.

172 HOUEL. Un sujet où l'on voit deux taureaux, dont un est couché par terre; à la gouache.

173 Un paysage, mêlé de ruines d'ancien monument à colonnes, orné de figures, & d'une fontaine où l'on vient faire abreuver plusieurs animaux; ce dessin est coloré avec intelligence. 14 sur 9 de h.

174 JANSON. Deux jolis paysages colorés, dont un clair de lune. 8 sur 6 de h.

175 KUIPENS. Deux paysages d'après nature, avec fontaine & figures, à l'encre de la Chine. 11 sur 8.

175 *bis.* Deux autres petits paysage & marine, idem. 6 sur 4.

176 LA FAGE. L'enlevement des Sabines, grande & belle composition, à la plume & à l'encre de la Chine.

177* Le Baptême de N. S. idem. 12 ſur 9 de larg.

178 La décollation de Saint Jean dans la priſon, idem. 15 ſur 11 de lar.

179 La Cêne, idem. 9 ſur 7 de h.

180 L'enlèvement d'Hélene, compoſition agréable ſur vélin, à la plume, lavé d'encre de la Chine. 15 ſur 11 de h.

181 Le jugement d'Hercule, à la plume, & touché avec eſprit. 13 ſur 10 de h.

182 LA FARGUE. Deux égliſes de Villages d'Hollande, avec figures & animaux, au biſtre. 9 ſur 6 de h.

183 Deux très-jolis payſages avec fabriques & figures pittoreſques, à la pierre noire, ſur papier blanc. 7 ſur 5 de h.

184* LAGRENÉE le jeune. Deux Trophées de Marius, deſſinés à Rome, au biſtre. 10 ſur 8.

185* Le triomphe d'un Empereur conduit dans un char par la Renommée; grande & belle compoſition au biſtre. 24 ſur 11 de h.

186* Minerve venant tirer du ſein de la molleſſe un jeune Guerrier que veut retenir l'Amour, idem. 21 ſur 17 de h.

187 Les Filles de Niobé punies, ſuperbe compoſition d'un grand effet. 30 pouc. ſur 10 de h.

188 * Une Bacchanale, d'une compoſition très-agréable, où l'on compte onze figures, à la gouache. 16 ſur 11 de h.

189 Un ſacrifice dans un Temple, de forme circulaire, au biſtre. 17 ſur 13 de l.

190 Un Satyre portant des fruits, à la pierre noire.

191 Un payſage, où ſe voyent deux femmes qui veulent arrêter l'Amour, deſſiné à la gouache. 9 ſur 7 de l.

192 * Un payſage montagneux, où ſe voit un cerf, à la gouache. 15 ſur 12 de l.

193 Lairesse. Une grande compoſition, avec fond d'architecture, & pluſieurs groupes de femmes qui entourent un grand tombeau, eſtompé à la ſanguine. 22 pouc. ſur 16 de h.

194 Deux ſujets faits pour frontons, repréſentant des fleuves entourés de pluſieurs groupes d'enfans, à la ſanguine. 18 ſur 9 de h.

195 Lantara. Dix petits payſages, peints à l'huile & deſtinés pour faire une boëte.

196 * La Vallée Poussin. Un ſujet au biſtre fait d'après l'antique, repréſentant une femme attirée par un homme. 6 ſur 4 & demi.

197 * Lavreince. Deux femmes en toilette du matin, touchées avec eſprit, & peints à la gouache. 11 ſur 8 de lar.

198 * Deux autres ſcenes domeſtiques & intéreſſantes, exécutées de même.

199 * Le lever d'un jeune ménage, idem.

200 * LE BRUN. (Madame) Une femme demi-corps tenant dans ſes mains une colombe, ſupérieurement bien exécuté au paſtel; cette jeune Artiſte illuſtre ſon ſexe par ſes talens ſupérieurs dans l'art qu'elle profeſſe. 24 ſur 20 de larg.

201 * LE CLERC. Deux vues des Villes de Doeſbourg & Huy pendant leurs ſiéges, à la plume & lavé d'encre de la Chine.

202 LE FEVRE DE VENISE, d'après le Tintoret. La Naiſſance de la Vierge, grande compoſition lavée de biſtre. 24 ſur 8 de h.

203 LE PRINCE. Un payſage en hauteur, au biſtre & à la ſanguine, où ſe voit ſur le devant un repos en Egypte.

204 Deux deſſins au biſtre, baraques Ruſſes, avec figures & chariots, ſpirituellement touchés.

205 Autre ſujet idem, où ſe voit ſur le devant un groupe de trois figures, & divers animaux qui les environnent.

206 * Deux charmans payſages à la ſanguine, avec figures de Pêcheurs, colombier, &c. 10 ſur 8 de large.

207 * L'étude d'une femme Russe, assise; elle a été gravée de même grandeur que le dessin.

208 * Deux paysages au bistre; dans l'un on voit deux hommes conduisant un bateau, &c. 13 sur 11.

209 LIENDER. Deux Vues de Châteaux Hollandois entourés de canaux, à l'encre de la Chine. 8 sur 6 de h.

210 Deux très-jolies Vues d'Hollande avec canaux & ponts à l'encre de la Chine. 6 sur 4 de h.

211 LINDER le jeune. La vue d'un bois touffu où se voit un troupeau de moutons conduit par un Berger. Il est coloré. 14 sur 9 de h.

212 Une Eglise de campagne, entourée d'arbres & maisons, aussi coloré. 8 sur 5 de h.

213 LUYKEN. Le triomphe de Jules César, composition pleine d'esprit à la plume & à l'encre de la Chine.

214 MATHAM. L'Enfant Jésus adoré par les Anges, sur vélin, à la plume. 12 sur 8 de haut.

215 MAYER, éleve de Casanove. Un paysan reposant auprès de plusieurs animaux qu'il garde, touché avec esprit, sur papier brun, & rehaussé de blanc. 11 sur 6.

216 Une grande fête de Village, où l'on compte plus de cinquante figures formant divers groupes fort amuſans, & occupés à danſer & à boire, exécutée à la pierre noire.

217 * MICHEL-ANGE. Une très-belle étude de figure d'homme, ſpirituellement deſſinée à la plume, du cabinet Mariette.

218 * MIERIS. Adam & Eve dans le Paradis Terreſtre, au pied de l'arbre fatal, exécuté à la mine de plomb ſur velin. 11 ſur 6 de l.

219 Le portrait d'un Auteur célebre de la Hollande, attaché ſur le piédeſtal d'un tombeau qui lui eſt dreſſé; une Muſe tenant une lyre, lui poſe ſur la tête une couronne de lauriers; pluſieurs autres figures allégoriques enrichiſſent cette compoſition, qui eſt à la pierre noire. 11 ſur 8.

220 Un très-joli payſage avec lointains, & ſur le devant ſont deux figures de Bergers avec un gros chien; d'un précieux fini, à la plume & à l'encre de la Chine. 6 ſur 5 de h.

221 MOITTE. Deux ſujets de friſes, à la plume & au biſtre, repréſentant un triomphe & un ſacrifice, portant 28 po. de long ſur 3 de haut; les compoſitions en ſont charmantes, & font honneur au jeune Artiſte qui en eſt l'auteur.

222 Deux autres ſujets faiſant pendant ſçavamment traités, dans le grand ſtile, dont un repréſente un Satyre careſſé par une Bacchante ; ils ſont faits à la plume & très-largement lavés de biſtre. 11 pouc. ſur 7 de larg.

223 Autre ſujet de friſe, exécuté de même, repréſentant un ſacrifice à l'Amour & mariage. 20 ſur 6 de haut.

224* Un payſage d'une grande & belle compoſition, dans lequel on voit une fuite en Egypte. 13 ſur 8 de h. à l'encre de la Chine.

225 MONINCKE. Une Vierge ſur un nuage, tenant l'enfant Jeſus, & entourée de Chérubins ; dans le bas ſe voit une forteresse ; il eſt coloré avec intelligence & d'une compoſition agréable. 9 ſur 7 de lar.

226 MOREAU l'aîné. Six payſages à l'encre de la Chine, touchés ſpirituellement.

227* Un payſage oval avec ruine & coloré, dans le genre de Bartholomé, enrichi de figures. 9 ſur 8 de lar.

228* Autre payſage auſſi ovale, avec aſſemblée d'hommes & femmes, dans un boſquet. 7 ſur 5 de larg.

229* Autre payſage mêlé de ruines, & orné de différents groupes d'animaux & figures. 19 ſur 11 de h.

230 MOREAU le jeune. Deux payſages pittoreſques mêlés de ruines, à la pierre noire, & ornés de figures, ſpirituellement exécutés.

231 Quatre études de têtes & figures drapées, au biſtre rehauſſé de blanc.

232 Deux autres études idem, dont une de trois Dames dans une loge de ſpectacle.

233 Deux payſages pittoreſques avec figures, à l'encre de la Chine.

Et de plus, une ſcene domeſtique à la plume & coloré, par Dugourc.

234 Quinze petits titres de forme in-12, pour différents ouvrages, au biſtre.

235 Deux têtes de vieillards, aux trois crayons, & deux ſujets de compoſitions, à la plume & au biſtre.

236 Deux études d'homme & femme, aſſis & habillés dans le coſtume nouveau.

237 * MORELSE. Loth enyvré par ſes filles, à la plume & au biſtre. 14 ſur 12 de h.

238 * MOUCHERON. Un joli payſage au milieu duquel on voit une fontaine, à la plume & au biſtre. 12 ſur 8 de h.

239 Un grand payſage mêlé d'architecture, & orné de différents groupes de figures, à la plume & au biſtre. 17 ſur 11 de h.

240 Autre payſage, auſſi mêlé d'architecture, avec un grand jet d'eau au milieu. 10 ſur 6 de h.

241 Autre payſage montagneux, où ſe

voyent dans le haut quelques mazures, à l'encre de la Chine. 13 ſur 10 de h.

242 Un très-joli deſſin à l'encre de la Chine, vue d'une pleine campagne, avec barrieres de bois ſur le devant.

243 La vue d'une maiſon de campagne, au milieu d'une plaine, & bordée d'une riviere, à la plume & lavée d'encre de la Chine. 12 ſur 9 de h.

244 MUNTZ. Deux très-petits payſages & vues hollandoiſes, colorées, de 4 pouc. ſur 3 de h.

Deux autres idem, à l'encre de la Chine.

245 * NATOIRE. Bacchus & Ariadne, charmante compoſition, & ſçavamment traitée à la plume & au biſtre. 14 ſur 9 de lar.

246 L'Amour careſſant ſa mere, à la ſanguine, & une étude de femme à la pierre noire rehauſſée de blanc.

247 * Les Vendeurs chaſſés du Temple, au biſtre, rehauſſé de blanc. 13 ſur 10 de haut.

248 NIEULANT. Deux payſages montagneux, mêlés de ruines & brouſſailles, & ornés de différens groupes d'animaux & figures, à l'encre de la Chine. 11 ſur 7 de h.

249 NIKKELEN. Deux payſages, à la pierre noire, avec fontaine & Chaſſeurs. 7 ſur 5 de h.

250 NORBLIN. Un joli payſage coloré avec figures.

251 OSTADE. (Adrien van) L'intérieur d'une chambre, où ſe voyent deux payſans aſſis & occupés à boire & à fumer ; un troiſiéme joue du flageolet. Ce précieux morceau eſt coloré & terminé comme un tableau. 4 pouc. & demi ſur 4 de h.

252 * OUDRY. Un combat d'aigles contre des cignes, grande compoſition dans un fond de payſage d'un bel effet, à la pierre noire rehauſſée de blanc. 20 pouc. ſur 12 de h.

253 Autre combat de lions contre des ſangliers, au biſtre rehauſſé de blanc. 21 pou. ſur 12 de h.

254 OWYNE. Un groupe de tulipes & autres fleurs dans une corbeille, & colorées.

255 PALMIERI. Trois hommes occupés à remuer des pierres, au biſtre.

256 PARMESAN. Un ſujet de deux guerriers combattant, à la plume, finement touché. 7 ſur 6.

257 L'Amour taillant ſon arc, à la ſanguine, du Cabinet Mariette.

258 PARROCEL. Trois ſujets & têtes diverſes, à la ſanguine & pierre noire.

258 *bis.* Huit études aussi à la sanguine de différentes figures de janissaires, &c.

259 Une étude de deux soldats à la sanguine. 8 sur 6 de h.

260 PAUL BRIL. Quatre petits dessins de forme ronde, à la plume.

261 PERLIN. La vue de la maison de le Brun à Montmorency, ornée de diverses figures & colorée. 15 sur de h.

262 PERIGNON. Une vue de Suisse très-pittoresque & colorée, ornée de figures & animaux, par Taunay. 10 sur 6 de h.

263 * PERNET. Deux jolis paysages colorés, mêlés de ruines. 7 sur 5 de h.

264 * Un idem, pays montagneux avec ponts de bois. 8 sur 6 de h.

265 * Deux idem en ovale, avec vieille tour & dans le style du Claude ; ils sont aussi coloriés très-vigoureusement. 10 sur 8 de haut.

266 Deux autres idem, représentant une fraîche matinée & un soleil couchant, très-pittoresquement traités à la gouache. 11 sur 8 de h.

267 * Deux idem, avec arcades ruinées. 11 sur 7 de h.

268 Une ruine colorée, ornée de figures. 10 sur 8 de h.

269 Deux payſages, avec animaux & figures ſur papier brun, rehauſſés de blanc.

270 PERELLE. Deux jolis payſages & vues d'après nature, légérement deſſinés.

271 PETERS. Diane ſortant du bain, ſe faiſant chauſſer par une de ſes Nymphes, ſujet agréable, au biſtre. 15 po. ſur 11 de lar.

272 * PEYROTTE. Deux payſages, de 7 po. ſur 6 de l. où l'on voit divers oiſeaux perchés ſur des branches d'arbres, à la gouache.

273 PIERRE. (premier Peintre du Roi) Une Bacchanale de forme ronde, à la ſanguine, de même grandeur que l'eſtampe qu'en a gravée Deſmarteau. On y a auſſi joint l'eſtampe.

273 *bis*. PICART. Deux payſages, dans leſquels ſont diverſes figures occupées à jouer, à l'encre de la Chine. 9 ſur 7.

274 PRIMATICE. Un groupe de différentes figures d'hommes & femmes à la ſanguine, ſujet de plafond, du cabinet Mariette.

275 PYNACKER. La vue d'un vieux pont de bois, avec riviere, à l'encre de la Chine. 11 ſur 7 de h.

276 RADEMAKER. Deux payſages colorés, mêlés de ruines avec figures. 9 po. ſur 6 de h.

277 Deux Vues intérieures de Villes de la Hollande, colorées. 7 sur 6 de h.

278 Deux paysages capitaux, représentant la Vue d'une Ville bordée d'une grande riviere, avec bateaux & figures, très-terminés à gouache. 12 sur 8 de h.

279 Deux autres idem, avec montagnes & grande riviere qui les bordent, d'un précieux fini & de même grandeur.

280 REMBRANDT. Trois sujets à la plume & au bistre, la Mort de Lucrece, Abraham recevant les Anges, & les Ouvriers de la Vigne.

281 Neuf autres sujets divers, dont une femme endormie, &c.

282 * Les Vieillards confondus devant Daniel, idem. 11 sur 7 de haut.

283 * L'Adoration des Rois, idem.

284 * ROBERT. Les ruines du Temple de Vespasien, grand dessin capital, de forme ronde, coloré avec art & intelligence. 26 sur 22 de l.

285 * L'extérieur d'un Temple circulaire à colonnes, enrichi de figures & coloré. 13 sur 9 de h.

285 * La vue d'une grande galerie avec balustrade, ornée de diverses figures & colorée. 18 sur 14 de lar.

287 * Un Temple ruiné, où l'on voit sur le devant une fontaine & plusieurs figures, très-pittoresquement dessiné à la pierre

noire & rehaussé de blanc. 18 sur 12 de lar.

288 Une vue du Palais Farnese, & un paysage très-pittoresque, à la sanguine.

289 ROLAND SAVERY. Deux paysages mêlés de ruines & fabriques, lavés de sanguine & d'encre de la Chine, très-pittoresquement traités. 12 sur 8 de h.

290 ROOD. Deux jolies marines avec divers bâtimens, à l'encre de la Chine. 8 sur 5 de haut.

291 Deux autres idem avec la vue d'une ville dans le fond.

292 ROOS. Un groupe de trois moutons couchés par terre près du piédestal d'une colonne: ce sujet, fait à la sanguine, est connu par l'estampe de même grandeur, qu'en a lui-même gravé l'auteur. 7 sur 6 de lar.

293 RUBENS. Une étude largement faite à la plume, représentant plusieurs bœufs; on en connoît l'estampe qui s'y trouve jointe.

294 Une œuvre de miséricorde, représentant l'Aumône; composition de douze figures exécutée à la plume. 12 sur 9 de lar.

295 Quatorze très-petits sujets & têtes, dessinés d'après différentes médailles & pierres antiques.

296 RUYSDAEL. Un superbe paysage avec chaumieres, entourées d'arbres, du Cabinet Mariette, à l'encre de la Chine. 11 sur 7 de h.

297 SARAZIN. Deux paysages pittoresques avec grands arbres & figures, au bistre.

298 SCILLA. (Augustin) L'Assomption de la Vierge, grande & superbe composition, dans laquelle on compte vingt-quatre figures, largement dessinée au bistre, rehaussée de blanc d'un grand effet. 16 sur 11 de h.

Les dessins de ce Maître sont très-rares; il étoit de l'Ecole des Carraches.

299 SPILMAN. Un Village au bord d'une riviere avec plusieurs bateaux & figures, au bistre. 7 sur 3 de h.

300 Deux autres paysages, avec riviere & baraques, à l'encre de la Chine.

301 La vue d'une porte de Ville de la Hollande, avec pont-levis, à la plume & lavée à la sanguine. 13 sur 10 de h.

302 Deux paysages au bord d'une riviere, avec baraques, au bistre.

303 SUYNDREGT. Deux vues de mer un peu agitée, avec plusieurs vaisseaux & bateaux marchands, à l'encre de la Chine. 9 sur 6 de h.

304 TAVERNER. Deux jolies vues de Villa-

ges Hollandois, à l'encre de la Chine, ornées de figures. 6 ſur 4.

304 *bis.* Deux autres idem colorées. 4 ſur 2 & demi.

305 Deux autres idem. 6 ſur 4.

305 *bis.* Une chaumiere entourée de grands arbres & colorée. 8 pouc. quarrés.

306 Deux autres payſages idem colorés, de 9 à 11 pouc. ſur 6 de h.

306 *bis.* TAUNAY. Une marche d'animaux, dans un fond de payſage agréable. 14 ſur 9 de h. coloré.

307 Deux autres jolis payſages colorés, avec figures & animaux.

308 Dix petits ſujets & payſages peints à la gouache & deſtinés pour une boëte : ils ſont touchés avec beaucoup d'eſprit.

308 *bis.* * TREMOLIERES. L'Enfant Jéſus dans un berceau entouré de ſix figures, ſçavamment exécuté à la plume & lavé de biſtre, de forme ovale. 9 ſur 7 de h.

309 WYCK. (Thom.) Une groſſe tour ruinée, entourée de brouſſailles ; au biſtre. 9 po. ſur 8 de lar.

309 *bis.* * VANDERMEER. Une pleine campagne dans laquelle on voit une Ville dans le fond avec deux figures ſur le devant, lavé en couleurs. 10 po. ſur 6 de h.

310 Deux très-petits paysages avec figures & animaux, à la pierre noire.

311 VANDE-VELDE. (Adrien) Deux Etudes à la sanguine, dont une femme à genoux, & un homme debout tenant un chien. 9 sur 7 de lar.

312 VANDE-VELDE. (Guillaume) Trois Marines au bistre, légerement touchées.

313 Une Marine où l'on compte douze vaisseaux de guerre avec pavillon hollandois, & sur le devant une barque remplie de figures, à l'encre de la Chine. 14 po. sur 9 de h.

314 Un combat naval de l'Amiral Tromp, où l'on voit sur le devant trois grands vaisseaux de guerre, & plusieurs petites chaloupes remplies d'hommes occupés à rassembler des débris de mats, à l'encre de la Chine. 14 po. sur 9 de h.

315 VANDER ULFT. L'entrée d'une Ville d'Italie, avec divers grands bâtimens & pyramide, enrichi sur le devant de plusieurs groupes de figures intéressantes, précieusement coloré. 8 sur 6 de h.

316 VAN-DYCK. N. S. mis dans le tombeau, composition de six figures très-sçavamment groupées, au bistre. 8 sur 7 de lar.

317 L'Adoration des Bergers, à la plume, lavé de bistre. 10 sur 8 de lar.

318 Van Goyen. Deux petits payſages colorés, avec diverſes figures & chaumieres. 7 ſur 4 de h.

319 Van Huysum. Un vaſe rempli de différentes fleurs, à la plume lavé d'encre de la Chine. 8 ſur 6 de lar.

320 Vanloo. (Carle) Une belle Académie d'homme aſſis, ſoufflant & tenant de la main droite un bâton; à la ſanguine.

321 * Une très-belle tête de femme à la ſanguine, rehauſſée de blanc. 16 ſur 14 de lar.

322 Van Rossum. Un payſage d'après nature, à l'encre de la Chine.

323 Un canal de la Hollande bordé de baraques entourées de grands arbres, à l'encre de la Chine. 13 ſur 10 de h.

324 Ver Meulen. Deux charmants payſages avec figures de Cavaliers & autres, peints ſur papier, d'après les tableaux de Wynants. 8 ſur 6 de h.

325 * Vernet. Deux payſages & marines faiſant pendants avec figures dont un Pêcheur portant un filet, &c. à la pierre noire lavée d'encre de la Chine. 8 ſur 6 de haut.

326 * Deux payſages ovales avec figures de pêcheurs, à la pierre noire.

326 *bis*. Deux autres payſages idem. 10 ſur 7 de lar.

327 * VERSCHURING. Une fête de campagne, deſſous une tente à la porte d'une Ville, compoſition riche & agréable à la plume & lavée d'encre de la Chine; très-ſpirituellement touché.

328 Une compagnie de Buveurs à la porte d'une maiſon, avec un pauvre jouant de la vielle, à la plume, lavé d'encre de la Chine, ſupérieurement bien touché. 8 ſur 6 de large.

329 L'entrée d'une Ville où ſe voyent ſur le devant deux beaux chevaux ſcellés, & pluſieurs figures arrêtées à la porte d'un cabaret, lavé d'encre de la Chine. 15 ſur 12 de h.

330 VESTRAATEN. Deux payſages colorés, avec figures, animaux & ruines. 7 ſur 5 de h.

331 VERRYCK. Six jolies Vues de Villages Hollandois bordés de canaux, à l'encre de la Chine. 15 ſur 10 de h.

332 * VINCENT. Deux ſujets pendants, repréſentant des Fêtes Egyptiennes, à la pierre noire & au biſtre.

333 * L'Arc de triomphe de Conſtantin, orné de pluſieurs groupes de figures bien diſperſés, au biſtre rehauſſé de blanc, d'un grandeff et.

334 Biblis métamorphoſée en fontaine, ſu-

jet traité dans le grand ſtile, au biſtre. 20 ſur 15 de h.

335 Deux petits ſujets de forme ovale, ſainte Famille & Chriſt mort, au biſtre rehauſſé de blanc. 8 ſur 6 de lar.

336 Deux ſujets de bacchanales d'un grand effet & d'une compoſition ſçavante, exécutés au biſtre par ce jeune Artiſte, qui a mérité des éloges dans le dernier ſallon, & qui fait honneur au corps de l'Académie dont il fait membre. 20 pou. ſur 15 de h.

337 Un ſujet allégorique repréſentant la Comédie démaſquant le Vice, exécuté comme les précédents. 18 ſur 15 de larg.

338 Une tête d'homme bien caractériſée, idem. 12 ſur 9 de lar.

339 * WAGNER. Un charmant payſage coloré, avec baraque & figures de la plus grande fineſſe. 6 ſur 5 de larg.

340 WAGNER. (La mere) Deux payſages montagneux & colorés, ornés de divers groupes d'animaux & figures. 12 ſur 9 de haut.

340 *bis*. Deux autres idem.

341 WATERLOO. L'entrée d'une forêt avec riviere ſur le devant, à la pierre noire, rehauſſée de blanc d'un grand effet & touché avec goût. 20 po. ſur 15 de h.

342 Une pleine campagne avec grands ar-

bres sur le devant, & la vue d'une Ville fortifiée, à la pierre noire sur papier blanc. 22 pouc. sur 11 de h.

343 WATTEAU. Quatre études de diverses figures, spirituellement touchées à la sanguine.

344 Deux feuilles d'études de femmes debout, à la sanguine.

345 Une feuille sur laquelle se trouvent sept études de différentes têtes à la sanguine & pierre noire, très spirituellement touchées.

346 Un sujet pastoral dans un paysage, à la sanguine; l'étude d'une femme debout, à la pierre noire, & de plus un paysage, où se voit un Chasseur, à la plume & coloré par Gillot, de forme ronde. 6 po.

347 WEIROTTER. Deux paysages montagneux, avec vieux Châteaux bordés de rivieres & ornés de figures, au bistre. 17 sur 12 de h.

348 Deux autres paysages pittoresques, avec moulin & église de campagne; ils sont colorés. 9 sur 7 de h.

349 Un autre idem, avec fabriques & pont de bois aussi coloré, de même grandeur.

350 WITRINGA. Deux jolies vues de mer tranquille & orageuse, avec divers vaisseaux, à la plume & colorées. 7 sur 5 de haut.

351 Une vue de mer, fur laquelle on voit un grand vaiffeau & fur le devant une chaloupe avec quatre Matelots, à l'encre de la Chine. 8 fur 5 de h.

352 Un portefeuille de différens Deffins, qui fera divifé en plufieurs lots.

SUITE DES DESSINS ET MÉLANGES

DE DIFFÉRENS MAITRES.

353 88 feuilles contenant différents oifeaux rares, & autres, deffinés & colorés fur nature par Bronkhorft, Withoos, Holftyn & autres. Cet article eft très-intéreffant, & fera détaillé en plufieurs lots, s'il ne fe préfente point d'acquéreurs pour la totalité.

354 Deux branches de rofes & paveau, colorés fur un fond blanc par Agricola, & un vafe rempli de différentes fleurs colorées par Vander Brugen.

Quatre feuilles de différentes fleurs mêlées d'infectes & colorées par S. Merian.

355 Deux ruines & payfages à l'encre de la Chine, par Ruyfdael & de Heus.

356 Quatre petits payfages avec chaumieres & fabriques, à la pierre noire, par Van Goyen, &c.

357 Trois payfages à l'encre de la Chine,

par Kuipens, & la Fargue, avec figures & animaux.

358 Un paysage avec ruines, figures & animaux, à l'encre de la Chine, par Janson: plus, deux petites vues de villages hollandois, par Pronck.

359 Un petit paysage coloré avec figures & chaumieres, par la Fargue, & de plus, deux petites marines à la plume par Esselens.

360 Une marine colorée par Moucheron, sur le trait à la plume fait par Guil. Vande-Velde. 7 sur 6 de larg.

361 Cinq petits sujets divers, dont un bûveur endormi, par Brauver; un homme tenant un livre, par Netscher, &c.

362 Deux sujets de sacrifice, &c. mêlés d'architecture, au bistre, par van Orley, & de plus une étude de Procureur, à la plume, d'environ chacun 8 sur 6 de lar.

363 Sept oiseaux divers colorés d'après nature, par Withoos, & autres.

364 Deux feuilles de différentes coquilles, aussi colorés.

365 Cinq petits sujets divers, par B. Picart, Duzart & autres.

366 La vue d'un village avec chaumieres, à l'encre de la Chine, par Ruysdael, & deux petites vues d'Hollande, colorées par Linder.

367 Quatre petits payſages & marines, au biſtre & à l'encre de la Chine.

368 Deux vues de villages hollandois, au bord d'une riviere, très-pittoreſquement traitées & colorées.

369 Quatre payſages mêlés de ruines & architecture, à l'encre de la Chine, par Gourré, &c.

370 Deux petites vues de Châteaux ruinés, par de Beyer : elles ſont colorées.

371 Huit petits payſages colorés, par Linder, Cl. le Lorrain, &c.

372 Deux petits payſages colorés, avec figures, par Muntz. 5 ſur 3 de h.

373 Une tête de Vieillard, à la plume, par de Gheyn, & de plus trois payſages par Linder, &c.

374 Cinq jolies Marines colorées, par Vitringa & autres, qui ſeront diviſées.

375 Deux ſujets à la ſanguine, par Laireſſe, dont une barque remplie de femmes formant concert.

376 Le Martyre d'un Saint auquel on vient de couper la tête ; compoſition ſçavante au biſtre par C. Schut. 11 ſur 8 de large.

377 Deux très-jolis ſujets militaires, à la plume, dont un Timbalier, &c. par Terhimpel.

378 Trois autres petits ſujets idem, à l'encre de la Chine, par Van-Keſſel.

379 Quatre très-petites Vues de Hollande, ſpirituellement touchées à la plume, & lavées d'encre de la Chine, par de Beyer.

380 Un ſujet de cavalcade, à la plume & à l'encre de la Chine, par Vander-Ulſt.

380 *bis*. Deux petits ſujets par Luycken, Maſſacre des Innocents, &c.

381 Quatre petits payſages, à l'encre de la Chine, par Storck.

382 Deux ruines à l'encre de la Chine & au biſtre, par Satkcleven & Vander-Doës.

383 Un ſujet de trois figures & un portrait de femme, précieuſement deſſinés au biſtre par Biſchop, d'après le Titien.

384 Une belle étude de portrait d'homme, à la pierre noire, par Van-Dyck.

385 Quatre autres petits payſages, par Joſué de Grave. 6 ſur 4 de h.

386 Quatre petits ſujets de compoſition, par P. Véroneſe, &c. dont l'Aſſomption de la Vierge du Palme, &c.

387 Deux petites vues & payſages à la plume ſur papier biſtré, exécutés dans le ſtyle de Rembrandt, 8 ſur 4 de h. par Hoogſtraaten, & une marine par Backuyſen.

388 Dix études de différentes figures en pieds, par Berghem, Bega, Terburg, &c. au biſtre & pierre noire.

389 Cinq payſages, ruines & baraques pittoreſques, par Th. Wyck, Breemberg, &c.

390 Deux têtes d'hommes, par J. Lyvins & V. Horſt, au biſtre & pierre noire.

391 Trois petits ſujets & payſage, par Barentgaal, Lingelbach, &c.

392 Quatre petits ſujets de payſans Hollandois, par Oſtade, dont un de deux enfans qui eſt coloré.

393 Deux petits ſujets militaires, avec canons touchés ſpirituellement à la plume; & de plus deux payſages, par P. Bril & Desfriches.

394 Quatre ruines & payſages divers, au biſtre, très-pittoreſquement exécutés.

395 Trois morceaux d'architecture, vues de Rome, &c. au biſtre, par Breemberg, &c.

396 Un payſage à la ſanguine avec figures, d'après Fr. Milé. On y a joint l'eſtampe.

397 L'Apparition de l'Ange à ſaint Pierre; ſujet d'un grand effet, au biſtre, rehauſſé de blanc, par le Sueur, jeune Artiſte. De plus, un ſujet de Médée, par Dodeins.

398 Deux payſages, colorés très-agréables, par Burgé.

399 48 deſſins d'architecture & d'arabeſques à la plume & au biſtre, par différents Maîtres Italiens.

400 Une Vierge par M. Hallé, & quatre études, par C. Vanloo.

401 Quatre académies à la ſanguine, par Vaſſé.

402 Quatre autres idem.

403 Six compositions & académies, idem.

404 Moyse tenant les Tables de la Loi, grande composition au bistre, par Boulongne.

405 Un repos en Egypte sur papier bistré; à la pierre noire rehaussé de blanc. 6 po. en quarré, par Eust. le Sueur, & une femme voulant séduire un moine, lavé à l'indigo & fait à la plume par Stella.

406 10 pieces, dont une académie à la plume par la Belle, & 4 autres petits sujets divers, par le même, &c.

407 Quatorze petits sujets divers, dont un par la Belle.

408 Quatre sujets divers, par Deshays, &c. dont un coloré & peint à l'huile sur papier.

409 Sept études & sujets divers, dont deux de Greuze, une femme par Fragonard, à la sanguine, &c.

410 Quatre ruines & paysages à la plume & au bistre par P. Bril, Verschuring, &c.

411 Trois petits paysages à la pierre noire & au bistre, dont un par Lantara, &c.

412 Sept autres paysages, par le Carrache, &c. à la plume & au bistre.

413 Quatre autres idem, par le Milanese, &c.

414 Deux titres in-4°. & in-8°. par le Clerc & Picart, à l'encre de la Chine.

415 Sept études diverses d'animaux, par C. Vanloo, Palmieri & autres.

416 L'Assomption de la Vierge, par D. Calvart, à la plume; & Saint Pierre aux pieds de la Vierge, au bistre, par L. Jordano.

417 La tête de Pompée présentée à César, à la pierre noire par Lairesse, de même grandeur que l'estampe; plus, un fragment d'un des Sacrements, par le Poussin, au bistre.

418 Quatre sujets divers, dont Saint François du Carrache, une étude de figure nue par Bandinelli, à la plume, &c.

419 Six petits sujets divers, dont la résurrection de N. S. & la femme adultere, par M. de Vos, &c.

420 Six autres sujets par différents Maîtres, dont un sujet très-grotesque, par le vieux Breughels, à la plume, &c. &c.

421 * Un sujet d'Orphée, à la sanguine & pierre noire, dans le genre de P. Teste.

422 * Pan & Syrinx, à la plume dans le stile de la Fage.

423 * Un sujet de Vénus & Adonis, à la plume & au bistre, de 9 pou. sur 7 de larg. par le Poussin.

424 * Un sujet d'histoire, dessiné à la plume & au bistre, par Tierce, de forme ovale.

425 * Un paysage avec baraques & figures, à l'encre de la Chine, par Ruysdael. 9 sur 7 de lar.

426* Une étude de deux ſoldats à la ſanguine, par Parrocel.

427 * Deux payſages à l'encre de la Chine, avec figures, par Houel.

428 * Deux payſages & marine, au biſtre, avec diverſes figures. 8 ſur 5 de h.

429 * Deux petits payſages colorés, avec chaumieres & riviere, exécutés par Moreshet, & ornés de figures par Taunay.

430 Un groupe de ſix bœufs conduits par un payſan, à l'encre de la Chine, par Antoniſſens.

431 Les trois Grâces tenant une guirlande de fleurs, exécuté en griſaille dans le genre de Boucher.

432 * Un payſan conduiſant un troupeau de divers animaux, ſur papier noir rehauſſé de blanc. 6 ſur 4 de haut, par Caſanove: & un ſujet paſtoral, faiſant pendant, par Mayer.

433 * Un payſage à la pierre noire ſur papier blanc, dans le genre de le Prince.

434 * Deux petites marines, avec divers groupes de figures, à l'encre de la Chine, par un Maître Hollandois.

435 Quatre petites études de figures d'hommes, à la pierre noire, par Ph. Napolitain.

435 *bis.* * Deux payſages, avec pont ruſtique, idem, par Waterloo.

436 * Un groupe de ſix têtes de Chérubins,

par Dewit; & les armes de France soutenues par Minerve, au bistre, par Gravelot.

437 * Une femme assise devant une table, & écrivant, à la pierre noire rehaussée de blanc, par Deshays.

438 * Deux petites miniatures en oval, d'après Greuze; la Pleureuse, & la Savoneuse, par Huquier d'Orléans.

439 * Deux jolis paysages avec ruines & figures, par un jeune Artiste.

440 * Deux petits paysages, avec animaux, par Waterloo.

441 * L'étude d'une vieille femme assise, au crayon noir rehaussé de blanc.

442 * Deux paysages colorés, avec fabriques & figures, par Pernet.

443 * Deux dessins à la plume, par Parizeau; Maître d'Ecole, & pendant.

444 * Deux paysages & ruines avec figures par Glaubert, &c.

445 * Un paysage à la plume, vûe d'une forêt, par le Carrache.

446 * Autre paysage idem, à l'encre de la Chine, par de Mens.

447 * Une tête de Satyre, largement touchée, à la pierre noire.

448 * Deux sujets à la plume, en forme d'éventail, par la Fage, Pêcheurs, &c.

449 * Le portrait de Dewit, Peintre Hol-

landois, au crayon noir rehaussé de blanc, par Quenkard.

450 * Une très-belle étude d'homme hardiment dessiné à la plume par M. Ange, du Cabinet Mariette.

451 * La construction d'une ville, grand dessin à la plume & au bistre, dans le genre de la Fage.

452 * Deux paysages avec fabriques, à la pierre noire, & dessinés d'après nature par M. L. Amateur.

453 * Deux autres paysages idem, par Moreau.

454 * Quatre paysages à la sanguine, par un Eleve de Pillement.

455 Six différentes études de têtes & figures drapées, à la pierre noire par Madame le Brun.

456 Minerve sur un nuage, à la sanguine, par Lairesse.

457 Un paysage lavé en couleur avec animaux, & la Naissance de Saint Jean, à la sanguine, dessiné en Italie par Angot, d'après un célebre tableau.

458 Deux sujets de Magiciennes, sçavamment exécutés à la plume par Lairesse, & un sujet d'histoire par le même à la pierre noire.

459 Une académie à la sanguine, par C. Vanloo, & une autre à la pierre noire par Deshays.

460 Trois autres académies idem.

461 L'Annonciation par Gr. Huret, & le Gladiateur par Blanchet, à la pierre noire.

462 Un grand ſujet de compoſition, & cinq études à la pierre noire & à la ſanguine, par Vien & le Prince.

463 Deux jolies marines avec figures à l'encre de la Chine, par un Maître Hollandois.

464 Deux ruines romaines, à l'encre de la Chine, par H. Suaneweldt.

465 Trois deſſins par Vandermeulen, dont le ſiége de la Ville de Veſſel, &c.

466 Le portrait du Carrache à la pierre noire, par lui-même, & de plus une tête de femme par Dumoutier.

467 Trois études d'animaux & figures, à la pierre noire, par Berghem.

468 Deux têtes à la plume, par le Parmeſan, & une étude à la ſanguine.

469 Les veſtiges d'un vieux fort, par Breemberg, & un payſage dans le ſtile de Caſanove.

470 Un ſujet de plafond, par le Brun, & une tête par Greuze.

471 Seize ſujets divers par Rembrandt, Picart, Lagrénée, &c.

472 La Maiſon de Ville d'Amſterdam, à l'encre de la Chine.

473 Le Baptême de Notre-Seigneur, par le Sueur, à la plume & au biſtre.

474 Diverses études de figures d'hommes & femmes, à la pierre noire & au bistre, par M. Ange, & Daniel de Voltere.

475 Un petit paysage au bistre, par Callot.

476 * Une tête de femme à la sanguine, par Fragonard.

477 Cinq sujets & études diverses, par la Fage, de Troy, le Clerc, &c.

478 Deux sujets de Bacchanales, au bistre, par Deray.

479 Deux sujets militaires, au bistre rehaussé de blanc, dans le genre de Casanove. 12 po. sur 8.

480 Deux marine & paysage, à la gouache. 8 sur 6 de h. par un Maître Hollandois.

481 Un paysage pittoresque, au crayon noir, par Boucher.

482 Deux paysages avec baraques & montagnes, ornés de figures, à l'encre de la Chine.

483 * La peste de Marseille, sçavante composition. 18 po. sur 14 de lar.

484 Quatre jolis paysages colorés, par Bruandet, représentant les heures du jour.

485 Six autres paysages aussi colorés par différens Maîtres.

386 * Le portrait de Watteau, dessiné par lui-même aux trois crayons, de la Vente de M. de Julienne.

387 * Deux beaux dessins de Palmiéri, sujets de paysage, faits au bistre.

488 * Deux idem de Louterbourg, sur papier bleu, au crayon noir rehaussé de blanc, représentant des figures & des animaux.

489 * Un troupeau d'animaux, avec figures & fabriques, de la vente de M. Mariette, par Roos, à l'encre de la Chine.

490 * Un paysage, de Boucher pere, au crayon noir sur papier blanc.

491 * Un autre idem.

492 * Deux paysages de Lantara, sur papier bleu, au crayon noir & blanc, représentant un Soleil couchant & une Tempête.

493 * Un beau dessin coloré par de la Rue, représentant une femme qui pince de la guittarre, avec plusieurs enfans.

494 * Un sujet russe, dans la maniere de le Prince, fait au bistre.

495 * Deux beaux Paysages coloriés, de Desfriches, de la Vente de M. de Julienne.

496 * Deux belles aquarelles, par Moreau l'aîné, représentant des Vues de Saint Maur.

497 * Deux belles gouaches, par le même.

498 * Un beau dessin colorié, de Boissieu.

499 * Deux belles gouaches, de Hackert.

500 * Deux jolis dessins de Vander-Ulft.

501 * Danaé qui reçoit la pluie d'or. Ce beau dessin de F. Boucher vient de la Vente de M. Randon de Boisset.

502 * Renaud enchanté par Armide, dessiné par de la Rue.

503 * Un autre dessein du même Maître, qui représente l'enlévement d'Europe.

504 * Un autre du même, sujet d'enfants qui jouent avec un cerceau.

505 * Une chasse au lion, à la sanguine, par Parrocel.

506 * Deux belles Marines coloriées, de Witringa.

507 * Un beau paysage du Titien. Il vient de la vente de M. de Julienne.

508 Un superbe dessin de le Prince, à l'encre de la Chine, sujet de paysage avec figures & animaux.

509 Autre beau paysage, à la plume, par Zuccarelli.

510 Un superbe dessin de la Fage, représentant Moyse & Aaron qui frappent de la peste les nouveaux nés d'Egypte. Il vient de la vente de M. de Jullienne.

511 Une feuille de deux têtes aux trois crayons, par Watteau, de la même Vente.

512 Quatre jolis sujets d'enfants, par le même, à la sanguine, de la même vente.

513 Un joli dessin coloré, dans la maniere d'Ozanne, sujet de marine.

514 Deux, par P. Potter, sujets d'animaux, avec les gravures qui en ont été faites.

515 Trois petits dessins, dont un sujet d'animaux, par Albert Flamen, un dans la

maniere de Lairesse en forme de frise, il représente des enfants, & le troisieme par M. Marillier, c'est une allégorie qui est gravée.

516 Deux dessins à la sanguine, par Boucher pere, sujets d'arabesques.

517* Un grand dessin sur papier bleu, à la pierre noire rehaussée de blanc, par Balthazard.

518* Un paysage, vue du bois de Boulogne, par Alexandre, Eleve de Pérignon.

519 Divers dessins qui seront divisés.

MINIATURES.

520* L'étude d'une jolie femme, au pastel; elle tient des pêches dans un mouchoir. 24 sur 18 de lar. par la Rosalba.

520 *bis*. Un joli portrait de femme par la même, de 4 po. & demi sur 3 & demi de lar. avec un entourage de 96 grenats; voyez N°. 13 du catalog. Mariette.

521 Deux charmants sujets de femmes nues assises dans un paysage, par M. Charlier; 3 pou. sur 2 & demi dans des bordures de cuivre doré.

522 Deux autres sujets idem composés chacun de trois figures, exécutés avec le plus grand soin.

523 Un autre morceau aussi en miniature,

femme nue couchée ſur le ventre, compoſition de Boucher.

524 Une petite tête d'enfant très-agréable, par Fragonard.

ESTAMPES.

525 Les ſept vertus, par M. Antoine, très-belles épreuves, & de plus une Vierge, accompagnée d'un Evêque, &c. à l'eau-forte, par le Parmeſan ; rare.

526 Neuf ſujets divers à l'eau-forte par Biſcaïno, le Baroche, Aug. Carrache, &c. dont l'Annonciation, pluſieurs ſujets de Vierges, Suſanne au bain, &c. belles épreuves.

527 Vingt-huit pieces diverſes à l'eau-forte par Benedette, le Guide, Peſarès, Laireſſe, &c. anc. épr.

528 Trois cahiers gravés en Angleterre, d'après les deſſins de C. Lorrain, exécutés au biſtre par Earlom. Numéros 8, 9 & 10.

529 Le quatrieme cahier composé de dix feuilles, des deſſins du Grand-Duc au biſtre, par Mulinari, planche 31 à 40.

530 Le Chriſt préſenté au peuple, par Hollar, grande piece d'après le Titien, belle épr.

531 Le portrait de Rubens, par P. Pontius.

532 Une Aſſomption de la Vierge, par le même, & l'Adoration des Bergers, par Vorſterman.

533 La Viſitation de la Vierge, par P. de Jode.

534 La réſurrection du Lazare, par Bolſwert.

535 La pêche miraculeuſe, en trois pieces, par le même.

536 Le maſſacre des Innocens, en deux feuilles, par P. Pontius.

537 Le repas d'Hérode, par Bolſwert.

538 Le Serpent d'airain, par le même.

539 Thomiris, par P. Pontius, ſup. ép.

540 La chaſſe aux Lions, par Bolſwert.

541 Deux chaſſes aux Lions & au Sanglier.

542 Sennachérib, par Soutman.

543 La bataille des payſans, d'après Breughels, par Vorſterman.

544 Le grand couronnement d'épines de van Dyck, par Bolſwert, avec ſa contr'épreuve, auſſi forte que l'épreuve qui eſt ſuperbe & ancienne.

545 Les deux ſujets de Renaud & Armide, d'après van Dyck, par P. de Jode & Bailliu.

546 Deux ſujets d'après Jordans, le Concert, & Mercure & Argus, par Bolſwert.

546 *bis.* Le Roi boit, d'après le même, par P. Pontius.

547 Le couronnement de la Reine, par J. Audran.

548 La Fricaſſeuſe, & la Bohémienne, par Viſſcher, anciennes épr.

549 Six pieces d'après Rubens, van Dyck, &c. dont le Satyre yvre, la débauche des Soldats, &c.

550 Deux manieres noires, Sainte Famille de C. Maratte, & la veuve par Smith; de plus, le Peintre deſſinant une femme nue, par Verkolie, d'après Houbraken, rare.

551 24 petites pieces diverſes à l'eau-forte, par Diétricy, Worlidge, van Uliet, &c. parmi leſquelles il y en a de ſort rares.

552 62 pieces idem, par Berghem & Hollar.

553 18 ſujets divers, par Rembrandt, ainſi que diverſes têtes, dont la petite mariée Juive, &c.

554 14 pieces diverſes, idem.

555 14 autres ſujets & têtes, par le même, dont pluſieurs petites ſont rares & belles; la Samaritaine, les Pélerins d'Emaüs; le denier de Céſar, &c.

556 3 idem; Adam & Eve, fuite en Egypte, & Joſeph récitant ſes ſonges, prem. épr.

557 5 idem; la mort de la Vierge, l'annonce aux Bergers, la petite tombe, Mardochée, & les mandiants à la porte d'une maiſon.

558 Le Juif à la rampe, par Rembrandt.

559 La grande mariée Juive, & le Docteur Fauſtus, idem.

560 Trente ſujets divers, par le même, qui ſeront détaillés, dont le grand Lazare, la petite tombe, &c.

561 Dix petites pieces diverſes, dont la Vieille à la chandelle de Rubens, pluſieurs par Vande-Velde, du Comte Gondt, &c.

562 Le portrait de J. Hoornbeeck, par Suyderhoef, & celui de Juſtinien, par Mellan.

563 L'Archevêque de Rouen aux pieds de la Vierge, par Drevet, pour le Miſſel in-folio; Madame d'Orléans, par le même, & de plus deux très-petits portraits pour bagues, faits par le Mire, d'Henri IV & Louis XV.

564 Sept pieces modernes, dont une par Bartholozzi, d'après Ferrata. le Repos de la Vierge, par Wille, &c.

565 Treize pieces au lavis, par le Prince, & pluſieurs à l'eau-forte par Fragonard, &c.

566 Neuf, par le Clerc, dont l'Académie des Sciences, Alexandre, Tobie, &c.

567 Dix-neuf, par Callot & la Belle, dont le Partere de Nancy, la Mer Rouge, les Bohémiens, la Pandore, &c.

568 Vingt-trois pieces diverſes, dont le Teſtament d'Eudamidas du Pouſſin, pluſieurs au crayon par Deſmarteau, &c.

569 * Les deux vignettes de Charles I. & Marie Stuart décapités ; par B. Picart.

570 * Une jolie vignette rare, par Bartolozzi, de forme ovale, représentant Vertumne & Pomone, d'après Cipriani.

571 Quatre pieces, Ulysse, Caïn tuant son frere, Cadmus dévoré, & Amphion, par Goltzius, &c.

572 Les trois Vertus par Goltzius, & de plus le portrait de Cornhertius.

573 Saint Jérôme, par Goltzius, & une tête de mort, d'après Bloémaert, par Saenredam.

574 Deux sujets des Amours des Dieux, dont Mars & Vénus, par Goltzius.

575 Vertumne & Pomone, par Saenredam, sup. épr.

576 L'Annonce aux Bergers, par le même, idem.

577 L'Enfant prodigue, par le même. idem.

578 Une suite des Apôtres, en quatorze morceaux, par Goltzius.

579 Le Lazare, d'après Bloémaert, par Muller, & un bas relief, d'après Polidore, par Saenredam.

580 Quatre grandes pieces par N. de Bruyn, dont l'Age d'or.

581 L'ouvrage des six jours, d'après Goltzius, par Muller, & le titre.

582 La Passion de Notre-Seigneur, par Goltzius, en 12 pieces.

583 Les sept Planettes, d'après le même, par Saenredam.

584 Trois pieces, d'après le même, dont une Sainte Famille, gravée par Matham.

585 Les huit Guerriers Romains, avec les titres, par Goltzius, en tout 10 pieces.

586 Les douze Soldats, par de Gheyn, d'après Goltzius.

587 Un bas-relief, d'après Polidore, en 8 morceaux, gravés par Saenredam.

588 Quatre pieces, d'après Poussin & Coypel, par Pesne, Audran & autres, dont l'Evanouissement d'Esther, la Fille de Pharaon, &c.

589 Cinq pieces, dont une Fuite en Egypte, par Pitau, le Baptême de Notre-Seigneur, d'après l'Albane, par Audran, &c.

590 Les Batailles d'Alexandre avec bordures, par Picart, en six morceaux.

691 Quatre pieces d'après de Troy, Watteau, &c. dont la Peste de Marseille.

692 L'Enlévement d'Europe, d'après L. Jordano, par Beauvarlet, épr. avant la lettre.

693 Les grandes Batailles d'Alexandre, en plusieurs morceaux, copiées en Hollande, par Gunst.

594 Les 2 vignettes de Charles I, & de Marie Stuart décapités, avec leurs lettres grises, par Picart, rares & belles épr.

595 Trois portraits, par Ville; Louis XV, le Roi de Prusse & le Maréchal de Saxe.

596 Deux autres idem, Meſſieurs de Boulongne & Queſnay.

597 Les Muſiciens ambulants, par le même; ancienne épreuve.

598 Le Cardinal Dubois, & Mademoiſelle Lambert, par Drevet.

599 Cinq portraits par Edelinck & Drevet, dont Desjardins, d'Hozier, &c.

600 Louis XIV en pied, & Louis XV aſſis, faiſant pendant, par Drevet.

601 La maladie d'Alexandre, par Audran, anc. ép.

602 Les ſept œuvres de miſéricorde, composés & gravés par Séb. Bourdon, prem. ép.

603 Diane & Actéon, en maniere noire par Smith.

604 Repos en Egypte, d'après le Corége; par Earlom, prem. ép. avant la lettre.

605 Sainte Famille, d'après le Parmeſan, par Phillips, auſſi avant la lettre.

606 Sainte Genevieve de Balechou; d'après C. Vanloo.

607 Les enfants de France & de Béthune; par M. Beauvarlet, toutes deux prem. épr. avant la lettre.

608 Le mariage de Pſiché, par le même, auſſi avant la lettre, d'après Boucher.

608 *bis.* Le port de Meſſine, d'après Cl. Lorrain, par M. le Bas, avant la lettre.

609 Le Déluge d'après Alex. Véronneſe, par Edelinck, ſup. épr.

610 La Chaire de Saint Pierre de Rome, en deux morceaux, gravée par Spierre, & la Theſe du Grand-Duc, idem, auſſi en deux pieces.

611 La Magdeleine, par G. Edelinck, d'après le Brun, prem. épr. avant la bordure, très-belle épr.

612 Neuf grands ſujets, d'après Ciro-Fer, par Aquila. Moyſe frappant le rocher, les Filles de Jethro à la fontaine, &c.

613 La Femme adultere, & la Circonciſion, par Bartolozzi, & de plus l'Indien.

614 L'Entrée d'Alexandre dans Babylone, & le Mai des Gobelins. par le Clerc.

615 Les ſix morceaux, nommés les Chefs-d'œuvres de Goltzius, anc. épr.

616 Le Jardin d'Amour & le Feſtin Eſpagnol, par Lempereur, premieres épr.

617* L'homme au grand chapeau, par Dixon, d'après Rembrandt, avant la lettre, maniere noire.

618* La Suſanne de Porporati, avant la lettre.

619* La mort d'Abel, idem, avant la lettre.

620 La ſuite des Eſtampes de Daphnis & Chloé, par le Régent, belles épr.

621 La Vertu chancelante avant l'adreſſe, & une tête en maniere noire; toutes deux d'après Greuze, par Maſſard.

622 18 eſtampes & vignettes faites pour le Poëme de l'Agriculture, in-4°. prem. ép.

623 25 piéces pour le prem. vol. des Chanſons de M. de la Borde, par Moreau, avant la lettre.

623 *bis.* La ſuite des vaſes de Petitot, gravés à Parme, par Boſſi, en 32 planches.

624 M. de Fénelon, par Drevet, rare & belle épr.

625 Samuel Bernard, idem, prem. épr.

626 Quatre grandes pieces par N. de Bruyn, &c. ſujets & payſages, dont l'Age d'or.

627 Six autres grands ſujets & payſages, idem.

628 Huit pieces dans le genre du lavis, d'après Bénédette Caſtiglione, par Bartolozzi.

629 Trois pieces, d'après Rubens, dont les Adorations des Rois & Bergers, par L. Vorſterman, & la Rencontre de Jacob.

630 La Vierge aux Carmes, d'après Michel-Ange de Caravage.

631 Deux grandes pieces de Rembrandt, Jéſus Chriſt préſenté au peuple, & la deſcente de croix, anc. épr.

632 Mutius Scévola, d'après Rubens, par Schmuzer.

633 La tente de Darius, d'après Mignard, collée à filets d'or à l'entour.

634 La Mere bien-aimée, d'après Greuze, premiere épreuve avant la lettre, rare.

635 La Tempérance & trois autres Vertus, d'après Angel. Kauffman, par Scorodoomoff.

636 Trois autres pieces en rouge, d'après le Corrége, le Guide, &c.

637 Les huit grands paysages du Poussin, par Baudet.

638 Les quatorze ports de Mer de France, d'après Vernet, prem. épr. & bien encadrées.

639 Un portefeuille de différentes Estampes, qui sera divisé.

640 Diverses Estampes encadrées & en feuilles, qui seront aussi divisées.

641 Plusieurs volumes de papier blanc.

FIN.

Lu & approuvé ce 10 Avril 1778. COCHIN.

Vu l'Approbation, permis d'imprimer, ce 11 Avril 1778. LE NOIR.

De l'Imprimerie de PRAULT, Imprimeur du Roi, Quai de Gêvres.

www.ingramcontent.com/pod-product-compliance
Ingram Content Group UK Ltd.
Pitfield, Milton Keynes, MK11 3LW, UK
UKHW021146230726
13926UKWH00002B/961